COURS D'HISTOIRE

HISTOIRE

DE LA

COLONISATION FRANÇAISE

AUX INDES ET EN AMÉRIQUE

Jusqù'à la Révolution de 1789

LEÇON D'OUVERTURE

Par L. PETIT DE JULLEVILLE

Professeur Suppléant

NANCY

IMPRIMERIE DE G. CRÉPIN-LEBLOND

Grande-Rue [Ville-Vieille], n° 14

1873

HISTOIRE

DE LA

COLONISATION FRANÇAISE

AUX INDES ET EN AMÉRIQUE

JUSQU'A LA RÉVOLUTION DE 1789

MESSIEURS,

Je voudrais étudier avec vous, cette année, l'histoire de la colonisation française en Amérique et aux Indes pendant le dix-septième et le dix-huitième siècle. C'est là un épisode peu connu de nos annales. Dans notre pays, l'attention publique s'est toujours portée de préférence vers les choses de l'Europe ; et, même à l'époque où nos colonies furent le plus prospères, on s'occupait exclusivement de leur commerce avec la métropole, et des produits qu'elles pouvaient fournir. On n'étudiait guère l'histoire de leur fondation, les causes de leur développement. On n'a presque jamais recherché l'influence qu'avait pu exercer la colonisation sur l'état de la société française. Ce sont autant de questions que nous essaierons d'éclaircir.

Les guerres d'Italie et les guerres civiles avaient retardé d'un siècle la fondation de nos premières colonies ; nous entrâmes les derniers dans cette voie où nous avaient précédés les Portugais, les Espagnols, les Hollandais, les Anglais ; toutefois, grâce à d'énergiques efforts, moins de cent ans nous suffirent pour acquérir un domaine colonial qui ne le cédait à aucun autre en étendue et en richesse. Nous avons possédé sans contestation de la part de l'Europe, et sans résistance sérieuse de la part des nations soumises, plus de la moitié de l'Amérique du Nord ; tout le bassin du Saint-Laurent ; et, sous le nom de Louisiane, toute la vallée du Mississipi. Les côtes de la baie d'Hudson, encore aujourd'hui exploitées par dix mille Franco-Canadiens, l'étaient alors pour notre compte. Aux Antilles, outre les petites îles dont quelques-unes seulement nous sont restées, nous avions Saint-Domingue. Au-delà des Antilles, l'immense Guyane. Ainsi du cercle polaire à l'équateur, nous occupions l'Amérique. Nous resserrions les Anglais dans quelques îles, ou sur un littoral étroit, à l'Orient des monts Alleghanies. Sur la route des Indes, nous avions déjà le Sénégal et les comptoirs de Guinée. Les traités nous donnaient Madagascar ; avec Bourbon, nous possédions l'Ile de France. Aux Indes, Dupleix, qu'avaient précédé quelques chefs remarquables, nous avait conquis, sans argent, sans soldats, seul, par l'effort d'une politique habile, et de cette autorité qu'une race affaiblie subit d'elle-même, quand c'est un homme éminent qui se l'arroge, un empire qui s'étendait sur la moitié de l'Hindoustan. Ainsi nous avions surmonté les périls de la découverte ; nous avions partout pris possession en dépit de la nature, des Indiens, de nos rivaux. Il restait à consolider la conquête par l'occupation.

On ne le sait que trop ; malgré la valeur de nos colons, c'est là que nous échouâmes. Tandis que nous dispersions sur un territoire trop vaste une occupation superficielle, les Anglais, dans un espace restreint, prenaient une possession plus réelle du sol, en le couvrant d'une population nombreuse, en se l'appropriant par un défrichement énergique. Ainsi s'explique surtout la force de leur empire, qui a crû d'abord lentement, comparé avec le nôtre, qui a grandi trop vite.

De notre ancienne puissance coloniale, il ne nous est presque rien resté. Même en considérant aujourd'hui l'ensemble de l'œuvre accomplie depuis trois siècles et demi hors de l'Europe par les Européens, nous voyons avec surprise et avec douleur que, non seulement la France n'occupe plus le premier rang parmi les nations qui possèdent des colonies ; mais qu'elle est presque au dernier parmi les peuples qui colonisent.

Un Etat sans colonies peut en effet compenser ce désavantage en peuplant les territoires qui appellent à eux l'immigration. Ainsi se nouent des liens commerciaux et même politiques dont les deux pays profitent. L'Allemagne ne possède pas dans le Nouveau Monde une seule terre où flotte son drapeau ; mais les millions d'Allemands qui ont émigré aux Etats-Unis donnent en Amérique à leur patrie d'Europe un appui dont nous avons déjà senti le péril. Sans que la métropole s'agrandisse, la race se multiplie et devient à la fois plus audacieuse et plus forte.

Or dans toute l'Europe, l'Italie seule colonise encore moins que nous. Les races anglo-saxonne et celtique ont déjà rempli d'Allemands, d'Anglais, d'Ecossais et d'Irlandais, l'A-mérique du Nord. L'Espagnol et le Portugais peuplent le Mexique et toute l'Amérique centrale et méridionale. La Hollande, si, petite en Europe, règne en Malaisie sur vingt millions d'hommes ; et l'Angleterre, aux Indes, sur deux cent millions. La Russie poursuit patiemment et sans bruit une œuvre immense ; celle de coloniser la moitié de l'Asie, et de transporter la civilisation Européenne jusqu'aux bouches du fleuve Amour, en face de l'Amérique.

Comparée à d'aussi vastes travaux, la part d'action qui reste à notre race est bien restreinte. La France, hors de l'Europe, ne tient plus un rôle en proportion avec son impor- tance.

Nos colonies anciennnes, celles qui ont échappé aux désas- tres de la guerre de Sept ans, se réduisent presque à quelques îles, précieuses pour le commerce, mais qui n'offrent pas d'espace à la colonisation. Nos récentes conquêtes, l'Algérie et la Cochinchine, si l'esprit du pays favorisait leur essor, nous permettraient au contraire, malgré les difficultés qu'op- pose le climat, d'entreprendre dès aujourd'hui une colonisa- tion sérieuse et efficace. Mais ces acquisitions sont si récentes, et leur valeur est si peu appréciée jusqu'à ce jour par l'opi- nion publique, qu'on ne peut dire encore sûrement si nos établissements d'Asie et d'Afrique ne languiront pas dans nos mains, comme il est arrivé pendant cent cinquante ans de la Louisiane et du Canada.

Beaucoup d'esprits en France et à l'étranger, frappés de notre échec aux Indes et en Amérique, ont pensé l'expliquer en refusant aux Français le génie colonisateur. De tout temps d'ailleurs certains historiens et certains politiques aimèrent à rendre compte après l'événement, de la défaite des vaincus, en montrant qu'ils n'auraient jamais pu vaincre. L'objet principal de notre étude sera de protester par la recherche attentive des faits contre l'erreur de ce jugement, et de mon- trer dans l'histoire même de nos colonies, quel qu'ait été l'insuccès final, l'aptitude extraordinaire du caractère et du tempérament français au labeur énergique et persévérant de la colonisation.

La responsabilité de nos désastres coloniaux ne doit pas retomber sur nos colons, ni sur ceux qui les guidèrent si vaillamment à travers les épreuves de ces entreprises lointaines. Ni l'aventureux Espagnol, ni le patient Hollandais, ni l'Anglais infatigable ne peuvent citer des noms plus glorieux que ceux de nos grands colonisateurs. A la vérité, s'il s'agit de ces aventures d'éclat qui remplissent l'histoire des découvertes du seizième siècle, il n'y a rien dans les annales de nos colonies qui se puisse comparer, pour le prestige miraculeux des victoires, à la conquête du Mexique par Cortez, à la destruction par Pizarre de l'empire des Incas. Mais Pizarre et Cortez ont détruit plus qu'ils n'ont fondé ; je parle des fondateurs et non des conquérants. Donc pour ce travail ingénieux, robuste et patient qui peuple le désert, qui féconde la stérilité ; qui substitue la civilisation chrétienne et européenne au néant, ou à des civilisations profondément déchues ; quel homme fut plus entier dans le dévouement de soi-même, plus judicieux dans le choix des entreprises, plus hardi dans l'exécution, plus infatigable aux périls et aux traverses, que Samuel de Champlain qui fonda Québec, d'Enambuc et Duparquet, qui créèrent Saint-Christophe et la Martinique ; François Martin qui fonda Pondichéry ; La Bourdonnais qui créa Bourbon et l'Ile-de-France ; Dupleix qui nous eût donné les Indes, si nous avions voulu les prendre?

L'un, Champlain, avec une obstination dont cette histoire nous montrera la vertu chez beaucoup de colons Français, s'attache au Canada et devine le prix de ce sol rude et de ce climat sévère. Tandis que tous ces contemporains voguent avec ardeur vers les terres brûlantes des tropiques, et ne demandent aux colonies que ces trésors souvent trompeurs, l'or et les épices, Champlain veut fonder la colonisation sur sa véritable base, l'agriculture ; et sans se rebuter d'un pays où les rivières gèlent pendant cinq mois, il se loue de ce climat, inaccessible au travail servile, et salutaire au travail des Européens ; il veut créer là pour la France une pépinière inépuisable de matelots qu'aucunes glaces n'effraient ; et de bûcherons à qui les forêts ne manqueront jamais. A ceux qui lui disent : Y a-t-il des mines d'or et d'argent ? il fait répondre : « La plus belle mine que je sache, c'est du blé et du « vin, et la nourriture du bétail. Qui a ceci, a de l'argent. »

La Bourdonnais ressemble à ces illustres anciens qu'aucune nécessité du commandement n'étonnait : administrateur, soldat, matelot, architecte, agriculteur, il sait ou devine tous les métiers. Il importe à Bourbon et à l'Ile-de-France le blé, le riz, le coton ; il construit des jetées, des ports, des arsenaux, des aqueducs, des fortifications. Malgré tous les obstacles que lui suscite la jalousie de ses rivaux, l'indifférence de sa patrie et l'hostilité de nos ennemis, il transforme en dix ans deux îles qu'il avait reçues presque désertes, et qu'il laisse peuplées de cinquante mille âmes ; enrichies par toutes sortes de cultures ; assez puissantes pour envoyer au secours de l'Inde une flotte construite et équipée dans leurs ports.

Dupleix déploie le même génie sur un théâtre plus vaste. Malheureusement ces deux grands hommes, que leur patriotisme aurait dû rendre amis, sont divisés par une jalousie ardente. Tandis que les Anglais, séparés dans leur pays par des dissensions violentes, savaient du moins, dans leurs entreprises lointaines, grouper toutes leurs forces et se servir mutuellement, nos Français, que l'apparente unité du pays semblait appeler à une action commune au dehors, faisaient retentir au contraire nos colonies du bruit de leurs querelles et consacraient trop souvent la meilleure partie de leurs ressources à entraver l'œuvre d'un rival. Dupleix, moins exempt qu'aucun autre de ce vice, fit pourtant de grandes choses ; il conçut un projet étonnant et l'exécuta presque seul. Chargé des intérêts d'une simple compagnie de commerce, il voulut substituer à des comptoirs disséminés une vaste domination territoriale ; et malgré la compagnie qui craignait de perdre un revenu en gagnant un royaume, malgré le gouvernement qui ne comprit rien à ses plans trop étendus pour l'ambition de Louis XV, malgré toute la France, que la conquête à demi-achevée de l'Inde laissait indifférente, Dupleix, avec deux ou trois agents dociles et une poignée de soldats, mille au plus, étendit son pouvoir immédiat ou son influence dominante sur vingt provinces et quarante millions d'hommes. Nous ne connaissons pas assez en France les hauts faits de cet homme, que nos pères ont laissé mourir désavoué, presque condamné. Mais l'admiration que l'Angleterre, héritière de son œuvre, a conservée pour son nom, suffirait à sa gloire. Le plus récent ouvrage écrit sur l'histoire de notre domination dans l'Inde, par un Anglais, le major Malleson, porte cette épigraphe :

« On admire beaucoup et l'on cite souvent l'Angleterre pour avoir résolu ce grand problème de gouverner à quatre mille lieues de distance avec quelques centaines d'employés civils, et quelques milliers d'employés militaires, ses immenses possessions de l'Inde. S'il y a quelque nouveauté, quelque hardiesse et quelque génie politique dans cette idée, il faut reconnaître que l'honneur en revient à Dupleix, et que l'Angleterre qui en recueille aujourd'hui le profit et la gloire, n'a eu qu'à suivre les voies que le génie de la France lui avait ouvertes. »

Messieurs, comment se fait-il que tant d'admirables efforts ont été frustrés ? Pourquoi l'immense empire colonial que nous possédions encore au milieu du dix-huitième siècle, s'est-il écroulé si vite ? Que manquait-il à cette haute fortune pour être solide ?

C'est que le génie de quelques chefs, l'intelligence et l'énergie d'un petit nombre de colons avaient seuls fait ces merveilles. Mais les fondations de notre puissance n'étaient nulle part creusées assez avant le sol, par la faute du gouvernement français, de jour en jour plus inférieur à l'œuvre entreprise ;

et par la faute de la nation, indifférente à des succès lointains, qui, pour être consolidés, eussent exigé avant tout des prodiges de constance dont elle n'était déjà plus capable ; et ce mérite de savoir attendre qui n'a jamais été celui de l'opinion publique en France.

La première faute commise fut dans la politique indécise et décousue qui régnait à Versailles. La France aurait dû consacrer la meilleure partie de ses forces à peupler, à cultiver son domaine d'outre mer : elle les disséminait au contraire dans vingt entreprises contradictoires ; elle les dépensait jusqu'à l'épuisement, tantôt à Fontenoy, tantôt à Rosbach ; pour la Prusse contre l'Autriche, et pour l'Autriche contre la Prusse ; et cependant nous étions, à Québec, à Pondichéry, vaincus, débordés par le nombre écrasant de nos ennemis.

Cette mauvaise politique n'était pas compensée par une meilleure administration. La France gouvernait mal ses possessions lointaines ; et surtout elle les gouvernait trop. Sans parler des lois restrictives qu'elle faisait peser sur leur commerce, et sur leur agriculture, la tutelle où elle les maintenait ressemblait à un esclavage. Bien loin de les encourager comme faisait l'Angleterre dans toutes ses colonies, à traiter ellesmêmes de leurs affaires personnelles, le gouvernement français s'attachait à dessein à décourager en toute matière l'initiative des colons ; et ceux-ci, trop peu habitués par les traditions de leur origine, à savoir se passer de l'administration publique, n'étaient que trop facilement résignés à abdiquer toute indépendance et toute responsabilité. Mais la main tracassière de la métropole, en se substituant partout à leur libre action, ne pouvait la remplacer. Le gouvernement central, trop éloigné pour voir juste et agir vite, voulait pourtant voir et agir tout seul ; ou du moins ne laisser le dépôt de son autorité qu'à ses agents directs. Une inquiétude jalouse l'engageait même à les rappeler à de fréquents intervalles.

L'intelligence, la valeur, la fidélité de nos colons auraient
pu réparer ces fautes, ou en amoindrir les conséquences, s'ils
eussent été plus nombreux ; si une immigration soutenue leur
avait permis l'occupation efficace des vastes territoires où ils
étaient presque partout campés plutôt qu'établis. Certes il
n'eût pas été difficile au gouvernement français de diriger vers
ce but l'esprit d'audace et d'aventure, qui, naturel à la nation,
l'avait, durant les siècles précédents, conduite en tête des
croisades ; qui depuis cent ans, lui faisait soutenir sans faiblir
dix guerres contre toute l'Europe ; qui, avant la fin du siècle,
devait enfin faire explosion dans une révolution générale,
suivie d'une guerre de vingt-trois ans. Les institutions étaient
d'ailleurs favorables à la colonisation. L'usage qui prévalait
généralement de laisser la terre au fils aîné, en dédommageant
les cadets par une somme d'argent, pouvait servir à exciter
chez beaucoup de ces derniers le dessein d'une émigration
qui se fût exécutée dans les conditions les meilleures, avec
l'appui d'un capital. On ne fit rien de suivi pour mettre à profit
ces dispositions, et peupler nos colonies ; quelques essais
bruyants au temps du système de Law, ou après le traité de
Paris échouèrent par le défaut absolu de lumières et de prévoyance.

D'ailleurs aucun de nos divers gouvernements ne peut sur
ce point accuser les autres. La tradition des vues étroites et
des mesures irrésolues ou précipitées s'est transmise de l'un
à l'autre ; depuis Louis XV qui perdit, dans une guerre
impolitique, le Canada et les Indes, faute d'y envoyer dix
mille hommes qui les auraient sauvés ; jusqu'à la Révolution
qui proféra cette phrase creuse et sonore : « Périssent les
colonies plutôt qu'un principe. » Jusqu'au premier consul, qui
vendit la Louisiane quatre-vingt millions aux Etats-Unis ;
et qui ne comprenant pas ce qu'on pouvait faire de ce
désert, avouait que sa prévoyance ne s'étendait pas si

loin dans l'avenir. L'ancienne Louisiane française renferme aujourd'hui douze millions d'habitants.

Il serait puéril, Messieurs, d'accuser seuls des pouvoirs qui ne firent en général, que céder aux suggestions de l'indifférence publique, et furent coupables d'avoir mal guidé plutôt que mal servi l'opinion du pays. Dès l'origine, on avait commis l'erreur d'envisager la fondation d'une colonie comme une simple opération commerciale, d'où l'on devait tirer des bénéfices presque immédiats. « On a établi, disait Montesquieu, que la métropole seule pourrait négocier dans la colonie, et cela avec une grande raison ; parce que le but de l'établissement a été l'extension du commerce, non la fondation d'une ville ou d'un nouvel empire. » Le même écrivain, d'ordinaire si clairvoyant, disait encore : « Les princes ne doivent point songer à peupler de grands pays par des colonies.... L'effet ordinaire des colonies est d'affaiblir les pays d'où on les tire, sans peupler ceux où on les envoie. » Ainsi les plus éclairés ne cherchaient rien de plus dans la colonisation que les moyens de faire un trafic avantageux pour la métropole. Seuls quelques fervents chrétiens mettaient au-dessus de ces vues étroites l'espoir de faire connaître Jésus-Christ à des nations plongées dans l'idolâtrie. Mais, en dehors de l'intérêt religieux et du profit lucratif, nul n'avait deviné l'incroyable augmentation de puissance que devaient recueillir un jour les races qui réussiraient à peupler le sol neuf du Nouveau-Monde.

Un seul homme semble avoir eu, dès ce temps, des vues justes et vraiment grandes sur la colonisation. Ce n'est pas Colbert : malgré le zèle admirable qu'il déployait pour la prospérité de nos colonies, et le remarquable talent qu'il apportait dans l'art de les gouverner, il leur demandait pour la métropole plutôt un accroissement de richesse dans le présent, qu'un accroissement de force et de grandeur dans l'avenir ; et trop bon financier, peut-être, il se fût effrayé du dessein hardi de peupler un monde, comme d'un prêt à trop long terme.

Mais un homme, d'un génie plus universel, Vauban, durant la courte trève qui sépare la paix de Ryswick de la guerre pour la succession d'Espagne, en 1699, écrivait ces lignes admirables, dont la leçon ne fut pas entendue : « Y a-t-il quelque chose dans le monde de plus utile, de plus glorieux et de plus digne d'un grand roi que de donner commencement à de grandes monarchies, et de les enfanter pour ainsi dire, et les mettre en état de s'accroître et de s'agrandir en fort peu de temps, de leur propre crû, jusqu'au point d'égaler, voire de surpasser un jour le vieux royaume ? Qui peut entreprendre quelque chose de plus grand, de plus noble et de plus utile ? N'est-ce pas par ce moyen plus que par tous autres qu'on peut avec toute la justice possible s'agrandir et s'accroître ? »

Au dix-huitième siècle personne n'a plus des vues si désintéressées ni si hardies. A l'heure où se consommait la perte irréparable du Canada, l'homme qui passe à bon droit pour avoir été le plus spirituel de son temps, et de qui les écrits demeurent comme l'expression la plus vive des idées courantes du siècle, Voltaire, écrivait au marquis de Chauvelin, le 3 octobre 1760 : « Si j'osais, je vous conjurerais à genoux de débarrasser du Canada le ministère de France. Si vous le perdez, vous ne perdez presque rien ; si vous voulez qu'on vous le rende, on ne vous rend qu'une cause éternelle de guerre et d'humiliations. »

Nous ne serons donc pas injustes, Messieurs, si nous reprochons à nos pères d'avoir laissé tomber de leurs mains, sans avoir su le féconder, cet immense empire colonial qui s'offrait à leur activité.

Quelques économistes ont entrepris de diminuer nos regrets. Ils ont voulu montrer qu'à peu d'exceptions près, la colonie la plus florissante est une charge pour la métropole ; que fonder de tels établissements, c'est faire œuvre de dupe. Ruineux, tant qu'ils sont faibles, ils n'usent de leurs forces croissantes que pour se soustraire au joug de la mère-patrie et rompre violemment le lien qui les attachait à elle. L'histoire des colonies anglaises et espagnoles ne le prouve-t-elle pas d'une façon éclatante ?

Sans examiner, Messieurs, jusqu'à quel point l'Angleterre et l'Espagne furent les premières coupables des insurrections qui ont soustrait à leur autorité les Etats-Unis et l'Amérique du Sud ; sans rechercher si les nouveaux principes de liberté politique et commerciale qui réglent aujourd'hui les rapports de l'Angleterre avec ses colonies, ne lui promettent pas une fidélité plus durable de la part de l'Australie et du Canada ; je pense que le raisonnement qu'on oppose à nos regrets, s'inspire d'une politique étroite et courte. Il importe peu si les colonies s'émancipent, pourvu qu'elles grandissent. Les enfants aussi, dont l'éducation est coûteuse, ne nous remboursent pas souvent au jour de leur majorité, les frais dont ils ont profité : mais s'ils nous font honneur, nous ne leur en demandons pas plus. Ces sentiments n'ont rien de magnanime ; car ils sont dans la nature. Tant que les hommes n'auront pas renoncé à la joie désintéressée de laisser des fils derrière eux, les peuples feront bien de fonder des colonies, ces enfants des fortes nations, sans chercher dans ces établissements le fruit immédiat et le bénéfice brutal d'une opération commerciale ordinaire.

On ne colonise pas seulement pour fonder un comptoir. Ce souci n'est qu'un détail secondaire dans une entreprise aussi grande. On ne colonise pas seulement pour s'enrichir par le trafic ; car on peut faire et l'Italie fait sans colonies un commerce très fructueux avec des nations étrangères. On ne colonise pas seulement pour créer un débouché nouveau à une production industrielle excessive ; car on peut encombrer de ses étoffes et de ses fers tout pays qui manque de manufactures. Sans doute, on doit se proposer ces vues particulières. Mais la grande importance politique, morale et sociale de la colonisation est ailleurs. On colonise surtout pour ouvrir la libre carrière de l'espace illimité, et du travail infini à l'excédant d'une population qui peut dès lors se multiplier sans gêne dans le présent comme sans souci de l'avenir. C'est là une vérité que nos pères n'ont pas comprise.

Nous nous étonnons souvent que la France n'ait plus aujourd'hui le rang qu'elle a tenu jadis en Europe. Qu'on n'attribue pas cette demi-déchéance à des désastres inouïs, mais récents. Car si l'on excepte au commencement de ce siècle une période de quinze années, pendant lesquelles, à la faveur du génie militaire d'un grand capitaine, nous fîmes la loi au continent, l'on verra que depuis plus d'un siècle et demi déjà, la France, laquelle avait été incontestablement, sous Louis XIV, la plus puissante nation du monde, s'est vu disputer ce rang par plusieurs nations rivales.

Tous les partis qui nous divisent ont rejeté chacun sur les partis contraires la faute de cet abaissement relatif. Ceux-ci ont accusé l'ancien régime et la monarchie ; ceux-là, J.-J. Rousseau et la Révolution ; et tous, comme il arrive dans ces jugements trop absolus, ont pu avoir tort et raison à la fois. Mais il me semble qu'en général on n'insiste pas suffisamment sur un fait qui domine toute la question et la résout : c'est que depuis deux siècles l'équilibre de la population entre les divers peuples européens s'est transformé à notre détriment. Or, si le nombre n'est pas le seul élément de la puissance, on s'apercevra de plus en plus qu'il en est le principal.

Au plus beau temps du règne de Louis XIV, la France avait déjà vingt millions d'habitants. La Grande-Bretagne, la Russie, l'Espagne, l'Autriche, l'Allemagne divisée en trois cents Etats, entre lesquels la Prusse était à peine le plus grand, pouvaient compter chacune à peu près douze millions d'habitants. Si nous ajoutons l'Amérique presque déserte, l'Italie morcelée, la Pologne chancelante, nous verrons que la chrétienté tout entière ne renfermait pas alors quatre fois autant d'âmes que la France toute seule.

Aujourd'hui, la Russie a plus de quatre-vingts millions d'habitants ; l'Allemagne unifiée, quarante, un peu plus que la France ; l'Autriche un peu moins : l'Angleterre nous dépassera dans dix ans, et les Etats-Unis, qui n'existaient pas il y a un siècle, nous dépasseront demain. Seuls contre tous, nous étions encore un contre quatre. Nous serions aujourd'hui un contre dix. De tous les Etats du monde chrétien, la France était déjà celui dont la population augmentait le plus lentement : le dernier recensement nous apprend qu'elle diminue. Toutes les raisons qu'on a données de ce fait, qu'elles soient puisées dans notre état social et matériel, politique ou moral, dans nos lois, nos mœurs, nos préjugés, peuvent être bien fondées, excepté celles qui attribueraient cette stagnation de notre race à son affaiblissement. Il suffit, pour répondre à cette hypothèse, de montrer ce que devient la race française au Canada. Nous avons laissé là, il y a cent dix ans, cinquante cinq mille Français. Sans recevoir de leur ancienne patrie un seul émigrant nouveau, ne se mariant qu'entre eux, et demeurant, quoiqu'au milieu d'étrangers, plus fidèles que nous ne sommes nous-mêmes, à leurs vieilles mœurs, à leur langue, à leur religion, les Français du Canada sont aujourd'hui un million trois cent mille, c'est-à-dire qu'ils n'ont cessé de doubler en moins de vingt-cinq ans le chiffre de leur population.

Comment peut-il se faire que les nations européennes qui se sont accrues le plus rapidement soient celles-là même qui colonisent, tandis que nous qui sommes stationnaires, ou diminuons même, nous ne prenons plus qu'une part insigni- fiante à ce grand mouvement d'expansion qui peuple le Nou- veau Monde ? C'est que, contre le mot de Montesquieu, l'effet ordinaire des colonies est de fortifier les pays d'où on les tire, tout en peuplant ceux où on les envoie.

Il semble paradoxal à première vue, de dire que la popu- lation d'un pays peut s'augmenter à la faveur d'une émigration considérable sortie de ce pays. Mais cette singularité que les faits attestent, s'explique à la réflexion. De toutes les causes qui restreignent le développement de la population chez les nations déjà mûres, les plus puissantes ce sont les causes morales, c'est la crainte de voir un jour un peuple trop nom- breux encombrer un sol trop étroit. Cette inquiétude qui sollicite également les gouvernants pour leur pays, et les particuliers pour leur propre famille, l'émigration seule peut l'écarter, en ouvrant l'espace aux essaims trop pressés. Est-ce le seul service qu'elle rende à la métropole? En créant des peuples nouveaux qui deviennent à leur tour puissants, riches et nombreux, croit-on qu'elle ne contribue pas à augmenter le nombre, la richesse et la puissance des citoyens de la mère-patrie? Même après la rupture du lien politique, des liens que rien ne peut rompre attachent encore l'un à l'autre deux peuples de même race par la communauté des mœurs, de la religion, de la langue et par l'échange incessant du commerce et de la civilisation. Ainsi l'Angleterre a peuplé les Etats-Unis, le Haut-Canada, l'Australie; et toutefois depuis les Stuarts, elle a triplé sa population; car il semblait qu'en semant le monde elle fécondât son propre sol.

Nous cependant, Messieurs, nous demeurons dans le vieux monde, travaillant à le réformer quand il eût été plus utile et plus aisé de peupler le nouveau. Certes il est beau d'aimer son pays ; et c'est peut-être notre excuse, que nous sommes nés dans un canton si fertile de l'univers et sous un ciel si doux, qu'il nous est plus cruel qu'à tel autre peuple, de nous arracher à ces impressions attrayantes, qui ont charmé notre enfance et enlacé nos cœurs d'un inextricable réseau. Mais ç'aurait été peut-être aimer encore la France que de multiplier hors de nos frontières, les images du pays natal ; et cela eût importé sans doute, non seulement à la gloire de notre patrie, mais aussi à sa puissance et à sa sécurité.

C'est la fatale condition des sociétés, surtout des sociétés déjà anciennes, et fixées sur un territoire depuis longtemps partagé, qu'elles ne peuvent s'accroître et s'enrichir, sans laisser derrière elle, dans cette voie de progrès, quelques-uns de leurs membres, moins laborieux, moins intelligents ou moins heureux. Quelques merveilles qu'on nous raconte du progrès indéfini dans l'ordre matériel comme dans l'ordre moral, j'y veux croire ; mais en définitive un moment vient toujours où les meilleures places sont honnêtement prises et légitimement gardées ; où les moins bonnes exigent encore pour être conquises, des efforts infinis dont tous ne sont pas capables. Ce que je dis là n'est pas, je le sais, tout à fait conforme aux pures doctrines de l'économie politique ; mais l'économie politique tient-elle assez compte que le progrès matériel en multipliant dix fois la richesse, multiplie cent fois le désir de la richesse ? On prouvera vainement que l'opulence d'un seul homme fournit aux besoins de mille autres ; si l'on oublie qu'en même temps elle peut exciter chez ceux-là même qu'elle nourrit un désir croissant d'atteindre au même bien-être et aux mêmes jouissances. C'est que les passions humaines vont encore plus vite que le progrès humain ; et la prospérité publique aura beau s'accroître, il y aura toujours et de plus en plus, dans un espace limité d'ailleurs, plus d'hommes pour souhaiter la fortune que d'occasions de fortune pour les satisfaire.

C'est parce qu'il en est ainsi, Messieurs, que nous désirerions aujourd'hui que notre pays eût, comme d'autres, devant lui, quelque part, l'espace ouvert sans bornes à l'ambition, à l'activité, à l'esprit aventureux de ceux qui par leur faute ou innocemment, n'ont pas su se faire parmi nous le sort qu'ils souhaitaient. Là ceux qui aiment à se nommer les déshérités de la société, retrouveraient, s'ils le voulaient, cette part d'héritage dont ils se plaisent à croire que la société les a frustrés ; et peut-être avoueraient-ils qu'il n'y a pas de déshérités tant que la terre, que la bonté de Dieu a faite si grande, est encore aux trois quarts déserte, et pourrait nourrir dix fois plus d'hommes qu'elle n'en renferme. Ils apprendraient aussi qu'entre la terre inculte qui s'offre à eux là-bas, et la terre cultivée, qu'ils convoitent ici, il n'y a d'autre différence que celle qu'y a pu mettre le travail, ce titre légitime de la propriété.

Ainsi la colonisation demeure peut-être la ressource suprême et la plus efficace des peuples tourmentés par l'aigreur des luttes sociales : cette voie heureusement nous reste ouverte, même après que nos grandes colonies sont à jamais perdues. Qu'importe en effet qu'un lien politique et toujours fragile, unisse ou non la France à ses enfants dispersés ? Là où ils porteraient le nom, la langue, les mœurs et la foi de leur patrie, ils reconstruiraient la patrie elle-même.

Mais il appartient à d'autres qu'à nous d'étudier comment ce remède pourrait être appliqué aux maux dont nous souffrons. Dans ces recherches exclusivement consacrées à l'histoire du passé, nous nous attacherons à un dessein plus modeste. Nous essaierons de montrer les grandes choses qu'ont faites jadis nos colons avec de petits moyens ; nous ferons voir que quelle qu'ait été pour la France l'inutilité de leurs efforts, jamais l'énergie ne manqua dans leur conduite, ni la persévérance dans leurs tentatives ; et qu'ainsi, forts de leur exemple et héritiers de leurs qualités, les Français de nos jours pourront, eux aussi, quand ils le voudront sérieusement, ressaisir par la colonisation pacifique et féconde la place qui leur appartient dans le monde, et propager en tous lieux l'influence de leur race et le nom de la France.

25 Novembre 1872.